MEMOIRES

ET

REMARQUES

SUR L'IMPORTANCE

de la Ville & Citadelle du
Havre de Grace, avec
des Instructions pour rendre son Port un des meil-
leurs de la Mer.

*Par JEAN-BAPTISTE MONTEGUI,
Sieur DE LA MONTAGNE, Com-
mandant dans la grosse Tour & ancienne
Forteresse du Havre.*

A

MONSEIGNEUR

LE DUC

DE

S. AIGNAN

PAIR DE FRANCE,
Chevalier des Ordres du Roy, Premier Gentilhomme de la Cham-
bre de sa Majesté, Gouverneur &
Lieutenant general du Havre de
Grace, Harfleur, Montivillier, Fes-
camp, Villes & Chasteau de Lo-
ches, & Beaulieu, &c.

ONSEIGNEUR,

L'Importance du sujet dont j'ose entrete-
nir vostre Grandeur, regarde de trop prés

l'un de vos grands emplois, pour ne pas
esperer en cette rencontre l'honneur de voftre
appuy, auffi-bien que celuy de voftre atten-
tion. Je prens la liberté de vous prefenter,
MONSEIGNEUR, un portrait, dont
l'original vous tient fûrement bien au cœur,
en qualité de tres-digne Gouverneur d'une
Place , qui par fon excellence furpaffe de
beaucoup tout ce que l'efprit peut jamais
imaginer ; J'entens parler du Havre de
Grace, & de fon Port, que le plus fage &
le plus invincible Monarque du monde vous
a confiez, connoiffant qu'il eftoit à propos
de choifir pour dépofitaire du gage le plus
précieux de fon Royaume, & de la plus importante Fortereffe de fon Eftat, Celuy qu'il
fçavoit eftre le plus fidelle de fes Subjets, &
le plus vaillant de fes Heros. Cette feule
raifon fuffit , fans en alleguer cent autres,
que je pourrois produire , pour m'autorifer
dans le defir que j'ay de vous dédier mon
Ouvrage, & d'expofer au jour ce Portrait
fous le nom de Memoires ou Reflexions fur

le mauvais estat de ce Port. J'espere que sans estre ny témeraire ny présomptueux, je puis me flatter de recevoir un accueil favorable de vostre Grandeur, puis qu'il s'agit de l'intérest du Roy, & du bien du public, qui sont les deux choses du monde pour lesquelles vous avez plus d'égard & plus de passion.

Pour moy, qui n'ay point d'autre dessein que de marquer en toute occasion un zele tres ardent au service de mon Souverain, & à l'avantage du Peuple, j'ay crû, MONSEIGNEUR, que je ne pouvois employer mon temps avec plus d'utilité, que de leur consacrer douze années entieres que j'ay l'honneur de commander les Armes, sous vostre autorité, dans la grosse Tour du Havre ; & je me suis attaché à cet objet avec d'autant plus de raison, qu'on sçait asûrément que la nature de ce poste est d'une situation si merveilleuse pour faire des Observations toutes particulieres, que quand bien mes desirs ne m'y auroient pas

porté d'abord tout entier, l'inspection, & le
seul aspect des lieux auroient esté capables
de m'en faire naître la volonté.

J'avoüe, MONSEIGNEUR,
que cette considération a puissamment secon-
dé l'empressement que j'ay toûjours eu de
veiller sans cesse au service de sa Majesté,
& que je n'ay pas eu de peine à prendre
party pour m'exercer sur un sujet si important, n'étant rien de plus vray que le mauvais estat de ce Port a esté un motif plus
que suffisant pour éxiger de moy une application aussi forte & necessaire que celle que
j'y ay employée.

De vous dire, MONSEIGNEUR,
quelle a esté cette application & ce desir
passionné d'entreprendre un travail de cette
consequence, il ne faut qu'envisager la fin
que je me suis proposée, & considerer sur
tout qu'aprés avoir fait une petite descri-
ption de la beauté & de la bonté de la Citadelle & de la Ville, je me suis attaché à d'é-
crire plus précisément l'estat du Port, comme

la chose la plus essencielle. De sorte que dans ma Premiere Partie je fais connoistre les avantages & les prérogatives qu'il a par-dessus tous les autres qui sont dans l'Ocean, Descouvrant en ma Seconde les mauvais effets & les causes de sa ruine ; & proposant dans la Troisiéme, les remedes qu'il faudroit employer pour le rendre un des meilleurs Ports de l'Europe.

Voila, MONSEIGNEUR, les motifs qui m'obligerent autrefois d'entretenir vostre Grandeur sur ce sujet important, lors que j'eus l'honneur de vous presenter quelques Memoires approchans de ceux-cy. Vous daignastes les recevoir avec tant d'estime & de bonté, que Vous m'ordonnastes expressement de les continuer, & de redoubler mes soins à veiller sur tout ce qui regarde le service du Roy : C'est ce que j'ay fait, & ce que je feray toûjours, m'estimant trop heureux si dans l'extréme passion que j'ay de remplir un si juste devoir, je puis faire quelque chose au gré de sa Majesté, *et qui vous marque en mesme temps que je suis,*

MONSEIGNEUR,

Voftre tres-humble, tres-obeïffant,
& obligé ferviteur.

AVANTPROPOS.

JE ne croy pas que personne me vueille contester que le Port du Havre de Grace ne possede naturellement toutes les belles & bonnes dispositions qu'on peut souhaiter, pour estre capable de contenir des Vaisseaux de la plus grande construction qu'il y ait en France, puis qu'il est vray que dans les grandes & hautes marées, on peut luy donner vingt-cinq à vingt-six pieds d'eau. On ne me déniera pas non plus que ce mesme Port, qui a tous les autres avantages qu'on sçauroit desirer, ne gémisse cependant sous la pesanteur & le poids d'une espece de caillou, vulgairement appelé galet, qui provient de la ruïne du Chef de Caux, & que ledit galet n'aye toûjours bouché son canal, & causé plusieurs fâcheux accidens, par la perte & par l'eschoüement d'un grand nombre de Vaisseaux considerables. On doit aussi demeurer d'accord, que nonobstant toute la dépence qui a esté faite jusques à present, & les soins extraordinaires qu'on a pris pour y donner remede, toutes ces mesures n'ont de rien servy, & que les mesmes obstacles & incommoditez se rencontreront toûjours tant que le galet entrera dans le Canal.

B

Aprés cela je me figure que la plufpart des efprits feront d'abord eftonnez de la propofition que je fais de vouloir rendre ce Port un des meilleurs de l'Europe ; Car depuis cent cinquante ans & plus qu'il eft eftably, tous ceux qui fe font embarquez en cette entreprife y ont malheureufement efchoüé : Toutesfois quand ils voudront tant foit peu faire de reflexion, & confiderer attentivement la folidité de mes raifonnemens, & les recherches particulieres que j'ay faites fur ce Chapitre depuis douze ans, je m'affure qu'ils conviendront avec moy que le remede que je propofe eft le fouverain & l'unique moyen qui refte pour empefcher que le galet n'entre plus dans le Canal : car pourveu qu'on faffe un petit Efpy ou jettée à l'endroit que j'ay marqué, fans avoir befoin d'autre fecours, je me rendray toûjours maiftre du Galet, & il n'en coûtera pas au Roy qu'environ Vingt mil livres une fois payés, avec deux mille cinq cens livres par an pour entretenir quelques hommes qui veilleront à tenir le Port toûjours libre, & dans une largeur & profondeur convenable.

J'avoüe que les mefures que j'ay prifes pour cela m'ont caufé bien des fatigues, & qu'il ne me falloit pas moins de tems, de zele,

& d'application pour developer un myſtere dont tant d'habiles eſprits n'ont pû juſques icy faire le dénoüement, n'eſtant rien de plus vray que bien ſouvent au milieu de ma carriere, enviſageant la ferocité & les eſtranges effets de l'Element que je devois dompter, (je veux dire la partie de l'Ocean contiguë à nôtre côte) j'ay pluſieurs fois eſté ſur le point de rebrouſſer chemin, ne pouvant fonder aucun raiſonnement ſur la diverſité de ſes mouvemens extraordinaires, non plus que fit autrefois un grand Philoſophe, lequel ſe précipita dans ſes abyſmes pour ne les avoir pû comprendre. Sans mentir, plus de quatre ans ſe ſont écoulez dans ces irréſolutions, ne ſçachant de quel bois faire fléche pour donner au but, ny comment démêler les avantages d'avec les deſavantages de ce Port, qui ſe confondent ſi extraordinairement les uns dedans les autres ; que ce qui paroiſſoit devoir eſtre favorable, eſtoit ſouvent ce qui cauſoit le deſordre ; comme au contraire, ce qui ſembloit eſtre oppoſé, ſecondoit plus favorablement mon entrepriſe.

Cependant je ne laiſſois pas de ramaſſer toûjours mes forces, & de me repreſenter d'un côté la honte qu'il y avoit de me relaſcher, & de l'autre, l'obligation où j'eſtois d'a-

chever mon deſſein, & de me donner tout entier à la perfection d'un Ouvrage ſi glorieux
au Roy, ſi neceſſaire à l'Eſtat, & ſi utile au
Peuple : Car je me fais fort, & je ne penſe pas
trop m'avancer, que ſi l'on execute ce que je
vas propoſer, outre que je rendray le Havre
un des meilleurs Ports de la mer ſoit pour la
Guerre, ſoit pour le Commerce, c'eſt que je
delivreray ſes habitans, qui me tiennent tous
au cœur, de pluſieurs corvées, & de quantité
de fatigues & de frais qu'ils ont eſté obligez
de faire juſques icy, quoy que tres inutile-
ment.

Il eſt vray, & je le confeſſe de bonne foy,
que j'ay eu de tres-grands avantages ſur les
autres pour donner à mon entrepriſe tout le
ſuccez que j'en pouvois attendre ; car enfin
il ſemble qu'on ne m'ait eſtably dans le poſte
où j'ay l'honneur de commander, que pour
y eſtre comme en vedette, afin de veiller à
tout, & d'obſerver préciſément ce qui cauſoit
noſtre deſordre. Je m'en ſuis ſûrement acqui-
té, & je puis dire que je n'ay rien oublié de ce
qui pouvoit contribuer à la connoiſſance par-
faite non-ſeulement du Havre, mais de la nature, du fond, & des lieux où il eſt ſitué. En
effet, j'ay toûjours crû que ce n'eſt pas aſſez
en de pareilles occaſions de connoiſtre les ac-

cidens qui arrivent aux autres Ports, pour ré-
former fur ceux-là les defauts de ceux-cy,
puis que la fituation de la plufpart eft diffe-
rente. Tel fera en un terrain fablonneux ou
pierreux, avec certains vents & certains cours
de marées contraires qui caufent de tres-gran-
des incommoditez. Tel autre fera naturellement enclavé entre des montagnes de vive
roche, & ainfi chaque Port a fa fituation par-
ticuliere, fur laquelle les Pilotes des lieux pren-
nent leurs mefures ; Et c'eft auffi la raifon
pour laquelle les Capitaines les plus experts fe
démettent abfolument de la conduite de leurs
Vaiffeaux entre leurs mains, quand ils y abordent. Je veux dire qu'il faut une forte application, & une longue expérience pour connoî-
tre les lieux & la nature du terrain où les Ports
font fituez ; les vents qui y régnent ; le cou-
rant des marées & des rivieres qui l'abordent;
les avantages & les mauvais effets que tout
cela peut produire, & beaucoup d'autres particularitez, pour s'en fervir utilement. Ce
que je puis dire fans exaggeration avoir obfer-
vé depuis douze ans, de forte qu'il ne m'en eft
pas efchappé la moindre circonftance.

Ce feroit m'abufer, fi je penfois que bien
des gens ne me fçauront pas bon gré de m'ex-
pliquer fi librement fur ce Chapitre, à caufe

que mes raiſons ſe trouvent en quelque façon
contraires à leurs avis ; Mais comme ils ne
m'ont jamais fait l'honneur de m'appeller
dans leurs Aſſemblées pour dire mes ſenti-
mens, ils ne trouveront pas mauvais que je les
accorde à Monſeigneur le Duc de S. Aignan,
noſtre incomparable Gouverneur, qui a eu la
bonté de me les demander, & auquel je n'ay
pû les refuſer, ſans me rendre coupable d'ingratitude. Que ſi ces Meſſieurs veulent paſſer
plus outre, & taſcher de détruire la ſolidité de
mes raiſonnemens, je veux bien me ſoûmet-
tre à les leur faire comprendre ſur les lieux, en
preſence de tout ce qu'il y a de plus habiles
gens, ſoit Ingénieurs, ſoit Capitaines de mer,
ſoit Officiers, ſoit Pilotes, ou anciens Habitans qui ne ſoient pas infatuez par de vaines
complaiſances, & par des conſidérations particulieres ; & je ſuis ſeur que je les feray tom-
ber dans mon ſens, quelque opiniaſtres qu'ils
puiſſent eſtre.

Au reſte, je ne doute pas que l'intention
de ceux qui ſe ſont mêlez de ce Port, n'ait
eſté tres-bonne ; ils me pardonneront nean-
moins ſi je leur dis qu'ils n'ont pas bien exa-
miné la qualité ny la quantité du mal auquel
il faloit appliquer le remede. C'eſt pourquoy
je me reſerve à faire voir, s'il en eſt beſoin,

dans un Memoire à part, les fautes qui s'y
font commiſes, & à montrer qu'infailliblement par ſucceſſion de tems, il arrivera des
accidens ·plus facheux que ceux que nous
voyons aujourd'huy, à moins qu'on ne dé-
tourne le galet, & qu'on ne l'empeſche d'entrer dans le Canal, de la maniere que je prétens l'executer.

PREMIERE PARTIE.

LA Ville & la Citadelle du Havre, postez au regard du Ciel entre quarante-neuf & cinquante degrez de latitude, & environ vingt de longitude, sont des Places inprenables, n'y ayant rien à craindre pour elles que les surprises. Si l'on considére, comme il faut, leur situation, on trouvera que c'est sur un terrain qui par succession de tems s'est accrû & formé dans le propre nid & les confins de l'embouchûre de la Seine, à l'endroit où cette belle & importante riviere, qui prend son cours de l'Orient vers l'Occident, perd son nom en rentrant dans le sein de sa mere, laquelle par une permission toute divine semble s'estre voulüe rejetter & se retraissir du costé du Sud, pour avoir l'avantage de multiplier ses graces par la production d'une Ville qui en porte le nom, & en mesme temps pour se fortifier du côté du Couchant de cette barriere autant redoutable que commode.

En effet, il n'est rien de mieux posté que le Havre,

Havre, soit pour la force, soir pour l'utilité de ce Royaume ; car enfin, ne faudroit-il pas pour l'assieger dans les formes, avoir tout à la fois trois corps d'armées, estre absolument maistre de la Terre, de la Mer, & de la Riviere ; que les assiegeans fussent hommes & barbets tout ensemble, puisqu'on peut inonder par le moyen des écluses tous les environs de la Place, laquelle est entourée du costé du Levant & du Nort de marescages inaccessibles, & arrosée par les autres endroits de la Mer, & de la Seine ; enfin, que le dedans de la Place ne fût pas garny, comme il est, de bons François, & de Munitions tant de l'une que de l'autre maniere. Comme je n'ay pas dessein d'entrer en un detail particulier de toutes les Fortifications, & de toutes les commoditez que le Havre possede, soit en son interieur, soit en ses dehors, je me contente de dire que la Ville est couverte de l'ancienne Forteresse & grosse Tour, de la Chaisne qui ferme le Port, & n'est séparée de la Place que d'une belle terrasse ou platte forme, & de deux ponts-levis : Que cette grosse Tour est une piece tres-forte & tres-rare, distante de la Citadelle seulement de la portée du mouf

C

quet ; Qu'elle flanque sur tout autant que
sa force s'étend ; enfin, qu'elle défend une
partie des Rades, & l'entrée de nôtre Port.
J'ajoûteray seulement que l'enceinte de
la mesme Ville est entourée de bonnes
murailles & de grands fossez d'eau, & à sec
à discretion ; munie d'un grand demy ba-
stion, & de trois autres entiers revétus de
briques, sans comprendre le grand mole,
ou muraille en forme de parapet ou chemin couvert, communément appelé la
jettée du Sudest, laquelle forme le Port,
& l'Ouvrage à Corne qui est vers la mer.

Quant à la Citadelle, qui a sa situation
au regard de la Ville du costé du Levant,
sans en estre éloignée que d'un petit trajet,
& de la séparation de deux grands fossez,
dont l'un sert de reservoir pour la grande
écluse & vuidange du Port, & l'autre fait
le contour du corps de la Place ; c'est une
piece autant forte que réguliere dans son
intérieur, composée de quatre bastions, entourée de bons fossez tres-bien revétus,
avec trois demies lunes & de deux fers à
cheval dans son coridor, ayant à son Levant & au Midy la mer & la riviere qui
battent une partie de son Glacis.

Pour ce qui regarde l'utilité & l'ornement du Royaume, se peut-il souhaitter une plus belle situation de Ville, & particulierement du Port, dans une de ses plus importantes Frontieres, au milieu de la Manche ou mer Britanique, ayant ses deux issuës également distantes vers les deux Poles, & par consequent commodes pour toutes les mers, avec une facilité merveilleuse d'envoyer & de recevoir toutes sortes de marchandises.

Disons aussi que la vaste étenduë de son Golfe qui reçoit entre ses bras cette superbe riviere, n'est pas un de ses moindres *La Seine.* avantages, puis qu'aprés avoir fendu & arrosé la Ville capitale du Royaume, elle *Paris.* passe encore à travers la principale de cette Province de Normandie, où les Vaisseaux *Roüen.* qui y abordent de toutes parts, trouvent leur trafic & leur seureté, aprés qu'ils ont rendu leurs premiers hommages à nostre Port.

Je n'aurois jamais fait s'il me faloit étendre sur l'excellence de cette situation; mais sans alleguer les raisons qui obligérent autrefois ce grand & digne Prince François I. son fondateur, d'y batir une Ville, il suffit de dire, que ce sage & prudent Ministre de nostre Roy, suivant les *Mr. Colbert*

Ordres du plus heureux & du plus abfolu
de tous les Monarques, la choifie préféra-
blement à toute autre place pour fervir
d'abord, de port, de havre, & de refuge
aux Vaiffeaux de fa Majefté, & de l'incomparable Compagnie tant Orientale,
qu'Occidentale.

Ce n'eft pas tout, mais ajoûtons hardi-
ment que le Port du Havre de Grace qui a
fon ouverture vers le Couchant, fe peut
rendre un des meilleurs de l'Europe ; que
la nature l'a fi bien comblé de fes faveurs,
qu'elle ne luy a rien épargné de ce qui luy
eft néceffaire, & que s'il n'eft pas aujour-
d'huy au point qu'il devroit eftre, c'eft
qu'on n'a pas fceu mefnager fes avantages. Allons par ordre, & voyons fi je feray
affez heureux que de faire comprendre aux
gens cette importante verité.

Pour premier principe, je dis que la
Mer depuis le point de fon abaiffement
jufqu'à la plus haute élévation de fon flux
& reflux, peut fournir au Port environ 25
à 26 pieds d'eau, j'entens dans fes plus
hautes marées.

Je dis en fecond lieu qu'il fuffit de 23
pieds d'eau pour faire entrer le plus grand
vaiffeau que nous ayons en France.

Je soûtiens en troisiéme lieu , que de tous les autres Ports du Royaume (je parle de ceux qui sont sur l'Ocean où il y a flux & reflux) pas un ne possede l'avantage de celuy-cy ; car il conserve sa plénitude de hautes marées deux bonnes heures , sans diminuer qu'environ un demy pied. C'est un effet merveilleux & particulier, qui luy sert d'une si grande commodité pour favoriser l'entrée & la sortie des Vaisseaux, qu'une seule marée donnera lieu à plus de Cent de sortir & d'entrer. La raison de cela est, selon mon sens, & la remarque que j'en ay faite, que la Seine se voyant enflée, surmontée, & maîtrisée jusqu'au delà de Roüen, par l'impétuosité de la marée , lors que cette souffrante s'apperçoit que la balance de la pleine de son ennemie commence à pancher vers son cours naturel, reprenant ses esprits & ses eaux, qui avoient esté confondus par une force majeure, elle la charge à son tour, & la suit de si prés, que se meslant ensemble dans sa retraite, il arrive que s'enfuyant dans le sein de sa mere, elle entraisne avec elle sa victorieuse avec tout le butin & amas d'eau dont elle s'estoit amplement fournie pendant son oppression ; & comme par le fupléement de la riviere il s'en trouve une plus grande quantité que ce que la marée avoit porté, il ne faut pas douter que repaſſant & arroſant l'entrée de noſtre Port, elle ne cauſe cette longue plénitude, que le Peuple appelle Verhoulle : joint à cela le reſtoulement qui ſe fait à l'embouchûre de la Seine lors de la rencontre des deux marées, ſçavoir de celle qui ſe retire de la pleine mer, avec celle qui deſcend de la riviere, dont celle-cy ſe voit ſoûtenuë & repouſſée, parce qu'elle eſt la plus forte. Mais c'eſt aſſez parler des avantages de la riviere, touchons un peu ceux de la terre, & voyons ſa gratitude ou ſon ingratitude à l'égard du Port.

Je dis donc que depuis le Chef de Caux, ou Cap de la Heüe, qui s'avance dans la mer, diſtant du Port d'environ 1800 toiſes, & qui au regard de ſon entrée eſt au Nort, ou Eſt, il ſe fait une longue traiſnée de coſtes & de montagnes juſques au haut païs, & par l'abry qu'elles donnent audit Port & à ſes Rades, font que les vents de Nort & d'Amont perdent leur impétuoſité, & ſe rendent favorables pour la ſortie & le depart des Vaiſſeaux. Voila le premier avantage.

Le second n'est pas de moindre conséquence, c'est que nous avons trois rades, outre un lieu de refuge qui n'est pas éloigné de nous, si l'on en avoit besoin. *Le Hocq.*

La premiere est celle qui est au-delà de l'Esclat qui s'avance le plus dans la mer, & s'appelle la grande rade : Elle est tres-bonne pour les Vaisseaux considérables qui ont de bons cables & de bons ancres, capable de contenir plus de cent gros vaisseaux tout à la fois sans s'incommoder, avec un fonds admirable où l'ancre trouve prise, & se tient ferme, sans parler de la plus grande commodité du monde que l'on a de tenir la mer, & de tendre les voiles pour aller & venir toutes & quantesfois qu'on veut, s'y rencontrant en tout temps plus de dix à douze brasses d'eau.

L'Esclat, c'est une lõgue traisnée de Roche dans la mer presque à fleur d'eau, qui prend aux envirõs de la Heive tirant au Sudoüiest.

La seconde, & la plus prochaine s'appelle la petite rade, elle est immédiatement aprés & en deça l'Esclat ; A la vérité, selon le rapport de quelques Pilotes, elle a esté un peu gâtée par les Flamands, par les Hollandois, & par les Anglois, lesquels soit par malice ou autrement, y ont jetté, quand leurs vaisseaux n'avoient que du lectage, une partie de ce qu'ils portoient; de sorte qu'elle n'est pas presentement ce qu'elle valoit autrefois, quoy que les vaiſſeaux de trois à quatre cent tonneaux puiſſent ſeurement y moüiller, y ayant quatre à cinq braſſes d'eau.

Pour la troiſiéme, appelée la rade du Hocq, c'eſt l'endroit & eſpace qui eſt entre le Havre & les coſtes de baſſe Normandie, tirant du Nort au Sud, & allant de l'Oüeſt à l'Eſt. Il y peut moüiller environ vingt Vaiſſeaux de plus de mille tonneaux, y ayant en tout temps, quand la mer eſt retirée, ſix à ſept braſſes d'eau, & un fond aſſez bon, avec la commodité de pouvoir ſe retirer, en cas de beſoin, dans Honfleur, ou dans les vaſes du Hocq, qui eſt le refuge dont je viens de parler.

Tout cela ne ſuffit-il pas pour perſuader aux gens les plus incrédules, que le Port du Havre de Grace a toutes les belles & importantes diſpoſitions qui peuvent le rendre capable de recevoir indifferemment toute ſorte de Vaiſſeaux, de quelque conſtruction qu'ils ſoient, puiſqu'il eſt certain que quand bien il s'en rencontreroit deux ou trois qui tireroient vingt-cinq pieds d'eau avec tout l'attirail, on peut les réduire facilement à moins, en

les

les allégeant un peu de leur charge.

En voila trop fur ce Chapitre, voyons
ce que j'ay entrepris de dire en ma fe-
conde Partie touchant la connoiſſance
que j'ay des cauſes & des mauvais effets
du Port.

SECONDE PARTIE.

APRE'S une recherche tres-exacte des causes qui ont produit jusques icy tant de desordres dans nôtre Port, j'en ay enfin trouvé deux principales. L'une regarde les accidens qui proviennent de la disposition ou conspiration de ces trois Elemens, la Terre, l'Eau, & l'Air. L'autre naît de la négligence, & du peu de pénétration de ceux qui s'y sont appliquez. Ils n'ont pas bien compris, selon mon sens, le Terrain, les Vents, & le Cours des marées de la Coste, ny éxaminé, comme il faut, la qualité & la quantité du mal, surquoy l'on devoit prendre ses mesures.

Quant à la premiere Cause, outre qu'il est nécessaire de bien connoistre, comme je viens de dire, la situation du Port au regard du Chef de Caux, il reste encore à comprendre que toute la Coste le long de la mer, à commencer depuis la Heüe jus-

qu'à S. Valery fur Somme, qui fait face
vers l'Occident, eſt eſcarpée en la plus
grande de ſes parties par des falaiſes ou
élevations extraordinaires, & que ſon terrain eſt meſlangé de certaines petites pier-
res à feu, & de pluſieurs autres roches &
cailloux en confuſion ; & comme il ſe rencontre que les vents Occidentaux & Se-
ptentrionaux ſont les plus violens, & do-
minans de toute la contrée, je dis que ces
ſortes de vents venant à ſouffler, & ſe ren-
dant complices avec la mer qui bat continuellement le pied des falaiſes, ſappent
& déchauſſent la Coſte à la faveur des
grandes & violentes marées, (à joindre les
glaces & les neiges que les longs Hyvers
produiſent, avec les ravines d'eau & les
ſources qui coulent de haut en bas) ſi bien
que la terre de la Coſte ſe boulle peu à peu,
& eſt diſperſée de part & d'autre par les
flots qui la battent ſans ceſſe, & par la mer
qui ſemble ne la ſéparer d'avec ce qu'elle
contenoit de cailloux, que pour ſe joüer
avec eux. En effet, vous diriez à la voir
dans cet exercice, que ſon plus grand
plaiſir eſt de les faire s'entrechoquer, de
les attirer, & de les rejetter ſans ceſſe hors
de ſon ſein, comme ſi elle prétendoit leur

donner une nouvelle forme & plus polie
que celle qu'ils avoient auparavant ; &
dans le vray, elle n'y réüſſit pas mal : car
aprés cette agitation, elle leur donne une
face ſi polie & ſi ronde , que dans l'ex-
preſſion du Peuple, ils perdent leur premier nom , & acquérent celuy de Gallet.
A cela j'adjoûteray une particularité qui
ſurprendra les eſprits peu crédules, qui
pourtant eſt tres-conſtante , c'eſt qu'une
partie du terrain que la mer déchauſſe entre ledit Cap & le Port, aux environs de
la Fontaine minerale , eſt d'une nature ſi
gluante , qu'elle ſe pétrifie avec le temps,
& devient une véritable Pierre, ou Gallet,
à meſure qu'elle ſe détache de la Coſte ,
& que le débris eſt expoſé aux atteintes
de l'air, aux rayons du Soleil, & aux eaux
de la mer. Je renvoye les curieux ſur les
lieux, où ils pourront ſe ſatisfaire.

Cependant je vas toucher ce qui nous
intéreſſe le plus, & faire voir la maniére
que ledit Gallet vient boucher le Canal,
& fermer l'entrée du Port. Pour cet effet,
il eſt à remarquer que le Chef de Caux
diſtant du Port, comme j'ay dit, d'environ 1800 toiſes, ſe dégradant, fait que par
ſa ruine tout le Gallet qu'il produit s'en-

traisne à la faveur des hautes & grandes marées, le long de la Coste dans le Canal, & vient boucher l'avenuë du Port en se rangeant au pied de la muraille, appelée le musoir, ce qui arrive principalement lors que les vents du quart du Cercle, puis Nort jusques à l'Oüest, soufflent.

Dire que cet inconvenient arrive continuellement en tout temps, & en toute marée, c'est se tromper. Je soûtiens au contraire que tous les autres vents, excepté le Quart du Cercle, sont tres favorables ; car lors que les vents depuis Sud jusqu'à l'Oüest régnent, ils font cesser le mal & le cours du Gallet, ainsi qu'il est aisé de voir par le grand amas & l'élevation extraordinaire dudit Gallet qu'ils arrétent, & élevent le long du terrain & espace qui est depuis l'Ouvrage à Corne jusques aux Thuilleries. Voila ce que j'ay à dire touchant les accidens qui proviennent de la conspiration des trois Elemens. Passons à ceux qui sont arrivez par la faute des hommes.

Rien n'est plus vray que tout le Gallet qui a pû traverser & incommoder le Canal depuis l'établissement de ce Port, & celuy-là mesme qui a passé avant l'éta-

bliſſement , ſe trouve & ſe voit encore ,
à la réſerve de ce qui a ſervy de l'eſtage,
eſt enfermé & enclavé le long du terrain
qui eſt entre ledit Port & le lieu appelé le
Hocq , & que cette eſpace dans toute ſon
étendue , ne comprend qu'environ deux
mille huit cens toiſes ; D'où je tire cette
conſéquence , que ſi on veut faire une
juſte ſupputation , & départir cet amas de
Gallet à proportion , on trouvera qu'un
ſeul homme euſt eſté plus que ſuffiſant
pour lever chaque jour tout le Gallet qui
auroit pû eſtre entraiſné dans le Canal.
C'eſt pour dire que nos devanciers qui ſe
ſont meſlez de remedier à ce Port , n'ont
pas bien éxaminé ce à quoy ils devoient
plus prendre garde ; Au contraire, faiſant
le mal plus grand qu'il n'eſtoit , & ſans
prévoir les méchantes ſuites, ils ont con-
ſtruit quantité de digues, jettées, ou épics,
à commencer depuis le muſoir juſqu'à la
Heüe, croyant arréter le cours du Gallet,
& par ce moyen empeſcher qu'il ne roul-
laſt plus dans le Canal, prétendant auſſi
que le ſurplus du Gallet qui pourroit venir
aprés que ces épis ſeroient regorgez, ſeroit
chaſſé à l'aide des Barres & des Eſcluſes
qu'ils ont faites à ce deſſein.

Je ne doute pas que ces Messieurs n'ayent eu bonne intention, & que mesmes ils n'ayent bien rencontré, quand ils ont crû que le vray chemin estoit de s'opposer à ces inconveniens par des digues ou jettées ; mais ils me pardonneront si je dis qu'ils se sont trompez touchant le nombre, la maniére, & l'application où ils devoient estre establis, puis qu'on les a situez en des endroits plûtost préjudiciables, qu'avantageux. De plus, ils n'ont pas préveu que la source du Gallet estoit intarissable, que bien loin de profiter avec de si furieuses dépences, ces épics venant à se remplir dans peu de tems, ne servoient plus de rien, & n'étoient propres qu'à approcher le mal en disposant des magasins de Gallet tout contre le Canal, aprés l'avoir irrité dans sa source. Voila de grands maux, sans parler des autres incommoditez horribles qui arrivent, soit par la dégradation ou dépérissement des épics, soit par les hautes marées, qui du moment qu'elles atteignent ce grand amas de Gallet, peuvent en attirer en une seule marée plus qu'il n'en fust venu pendant une année toute entiére, si ledit Gallet fust sorty de sa source à son ordinaire.

Ce mal estant arrivé contre leur atten-te, ils ont eu recours aux Barres ; mais voyons ce qu'elles font, & ce qu'elles peu-vent faire à l'avenir. Pour moy, je m'en raporte à ce qu'on en a veu, & à ce qu'on voit tous les jours, & je demande s'il n'est pas vray que tout le Gallet que lesdites Barres chaslent du Canal, va faire sa pre-miere pose à l'endroit où la mer se retire, & que lors que la marée monte, la plus-part reste comme mastiqué aux environs, & à l'opposite de l'entrée du Port, sans que la peine, la dépence, le soin, & le la-bourage qu'on y fait, ait de rien servy, ny empesché qu'il ne se soit formé deux bancs ou élevations tres-préjudiciables, qu'on appelle communément les Poulliez; & que ce sont-là sans contredit deux dan-gereuses rencontres pour faire eschoüer & périr les Vaisseaux, ainsi que nous le voyons trop souvent.

Voila pourquoy je dis encore un coup, qu'il faloit bien éxaminer la qualité & la quantité du Gallet que la Coste produit, & de quelle maniere il se forme ; considé-rer le long-temps qu'il demeure & retarde en chemin avant que d'aborder le Canal ; les Tours & Détours que la mer luy fait

faire

faire dans son remoüil en changeant sa premiere forme, & le jettant toûjours sur ses bords ; Comprendre que de tous les vents du Cercle, il n'y a qu'un quart qui se rend complice du mal, & que le reste nous est favorable, ou du moins ne nuit pas au Canal ; enfin faire beaucoup d'autres considérations qu'il est nécessaire d'observer sur les lieux ; & à moins que de s'estre attaché à toutes ces particularitez, qu'il est impossible de bien juger, connoistre, ny appliquer utilement le remede.

C'est là-dessus que je me fonde, & sur l'expérience que j'ay euë depuis si long-temps, que je demeure en cette Place, pour dire que le mal & la source du Gallet n'est pas si grand qu'on veut le faire ; Que bien loin d'estre obligé à faire des dépences extraordinaires par l'opposition de tant de jettées ou épics, il ne faut qu'une bonne Digue ou Jettée en un endroit commode, facile, & de peu de dépence à entretenir, (suivant que je l'ay désigné en un Plan à part) qui suffira pour recevoir les premiers abords du Gallet ; De sorte que par l'établissement de mon Ouvrage,

E

le Canal & l'entrée du Port ſera toûjours
libre , & dans la profondeur & largeur
néceſſaire , ſans que jamais nul Gallet ny
ſable le puiſſe incommoder. Voicy comment.

TROISIE'ME PARTIE.

E ferois conſtruire un Eſpy ou Jettée d'environ vingt-cinq toiſes , tirant de l'Eſt à l'Oüeſt, appuyant & joignant un des deux bouts dudit Eſpy à la muraille du Muſoir du coſté qui regarde l'Occident, lequel avec l'autre Eſpy prochain qui eſt à preſent ſur pied, formeroit une eſpece de Cudeſacq ou Récipiangle, qui ſeroit propre, & plus que ſuffiſant à recevoir tous les premiers abords du Gallet & du Sable qui proviennent de la ruïne du Chef de Caux, & à meſure que ledit Gallet s'enfourneroit dans ledit Cudeſacq, comme il arrivera infailliblement, je le ferois lever à chaque retraite de marée lors qu'il en viendroit, par le ſoin continuel de dix ou douze hommes qui ſeroient employez ſelon l'éxigence de la choſe , en faiſant tranſporter ledit Gallet tant dans les Vaiſſeaux qui ont beſoin de l'eſtage, qu'aux endroits circonvoiſins non nuiſibles au Port ny aux Fortifications de la Place ; de forte que fi l'on veut employer aprés que ledit Efpy fera fait, & qui n'aura coûté que Vingt mil livres, un fonds de deux Cens cinquante Piftolles par an pour l'entretenement defdits hommes, je foûtiens, & je me fais fort de me rendre maiftre du Gallet, & d'empefcher qu'il n'entre jamais dans le Canal. Voila en peu de paroles tout ce que je crois d'effentiel & de néceffaire à l'achevement de mon Ouvrage.

C'eft pourquoy je conclus ce difcours en touchant un mot de ce qu'il faut faire au dedans du Port, ne s'agiffant plus que de faciliter l'approfondiffement du Canal, & de le tenir toûjours libre. Mon deffein feroit donc de le rendre plus ouvert & plus dégagé qu'il n'eft pas prefentement, par la deftruction d'une petite partie du Mufoir; & de cette forte, je produiray un avantage fi confidérable à l'entrée des Vaiffeaux, qu'ils pourront fe fervir de toute forte de vent pour y aborder ; Et ceux qui faute d'eau font quelquesfois obligez d'attendre que la mer foit pleine, pourront, quand les chofes feront en l'eftat que je propofe, partir avant & aprés la pleine mer, fi bon leur femble.

C'eft un myftere que ce Mufoir, auffi

bien que la maniére bizarre de fa conftru-
ction, qui occupe & embraffe la moitié de
l'entrée du Canal. La plufpart des gens rai-
fonnent à leur mode fur cét Ouvrage, mais
à moins que de voir fur les lieux fes effets,
il eft mal-aifé d'y rien comprendre. Pour
moy je m'imagine que ce détour ainfi for-
gé, n'a efté fait en premier lieu que pour
couvrir & abrier le dedans du Port de l'im-
pétuofité du grand flot & excés des vagues;
En fecond lieu, pour tenir le Canal dans fa
profondeur, y ayant apparence que ceux
qui l'ont fait conftruire efpéroient que les
Barres & les Efclufes produiroient un effet
d'autant plus grand, que leurs eaux feroient
ramaffées, & que le Canal feroit retraiffy.

J'avouë que cette derniére raifon eftoit
valable & concluante, lors qu'on eftoit
toûjours en guerre avec le Gallet : mais à
prefent que je ne luy veux pas permettre
d'entrer dans le Canal, je ne fuis pas en
peine de luy donner la largeur & la profondeur que je prétens, fans apprehender qu'il
y aborde nulles ordures, puis que l'endroit
d'où elles viennent fera barré, & que la
grande Efclufe du Moulin aydée des autres, fuffira pour chaffer les Vafes & les Sa-
bles qui pourroient s'y arréter.

F I N.

www.ingramcontent.com/pod-product-compliance
Lightning Source LLC
LaVergne TN
LVHW021639170726
843501LV00007B/2303